THIS BOOK BELONGS TO

____

____

____

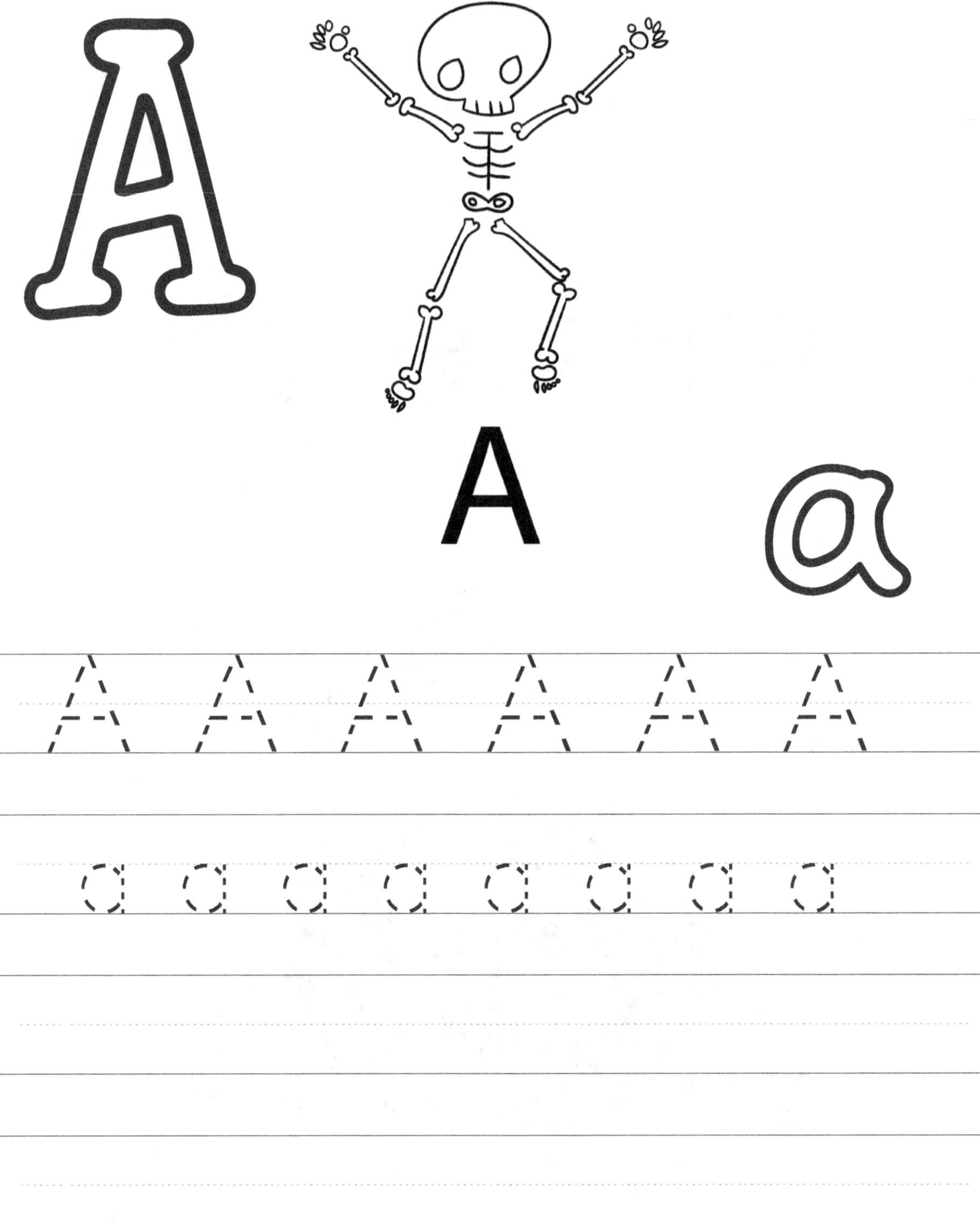

A

a

B

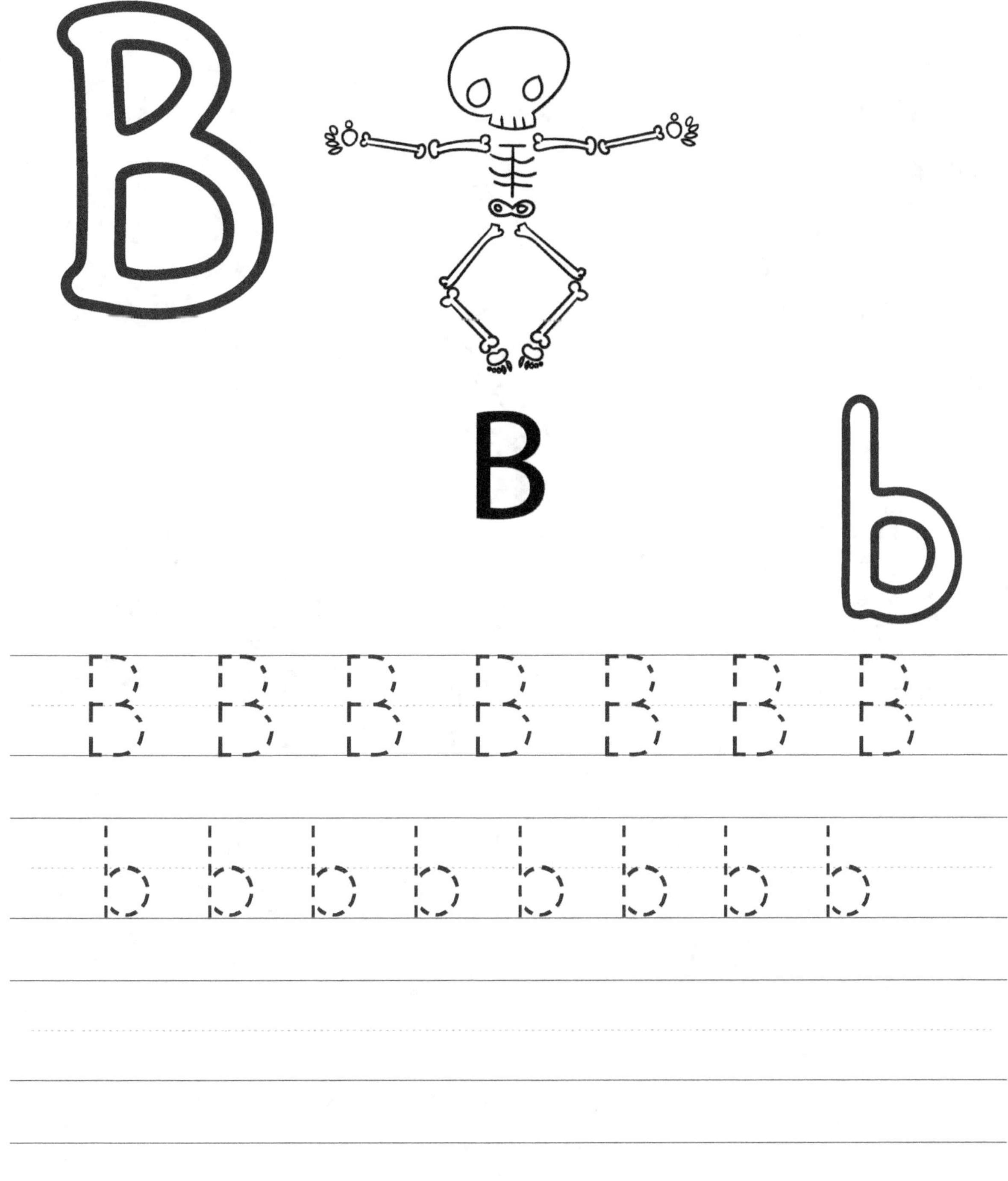

B

b

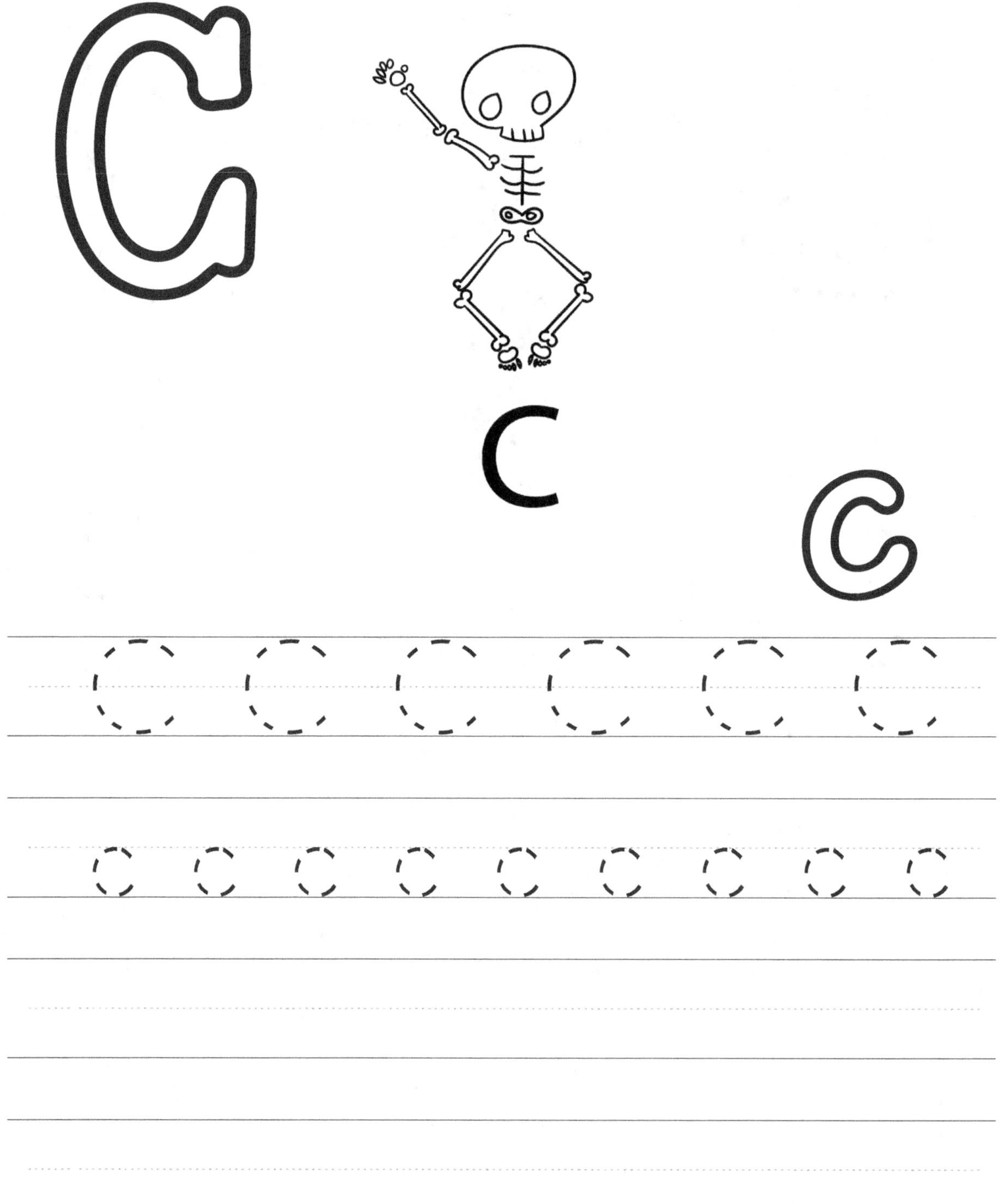

D

D

E

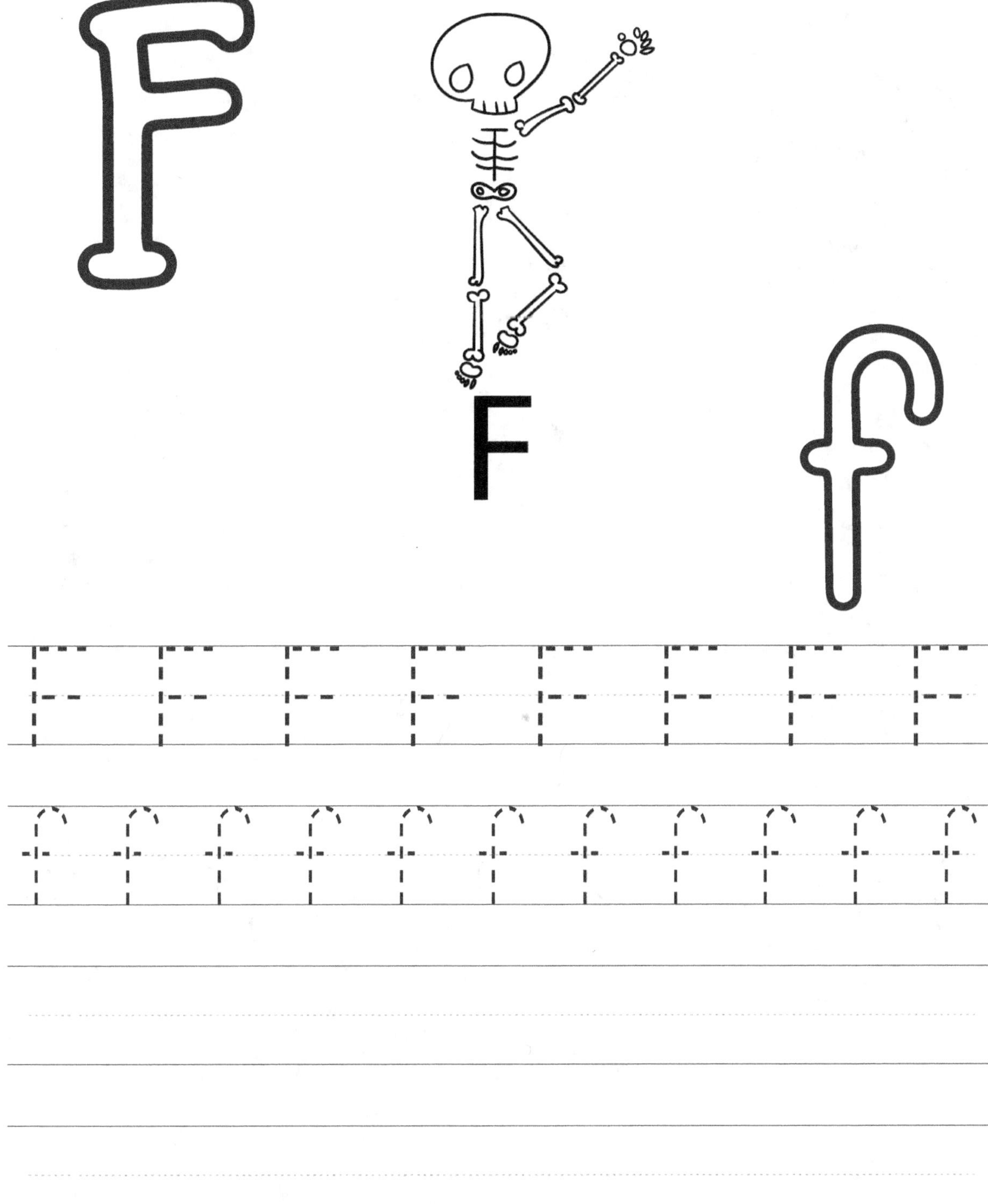

F
F
f

G g

G

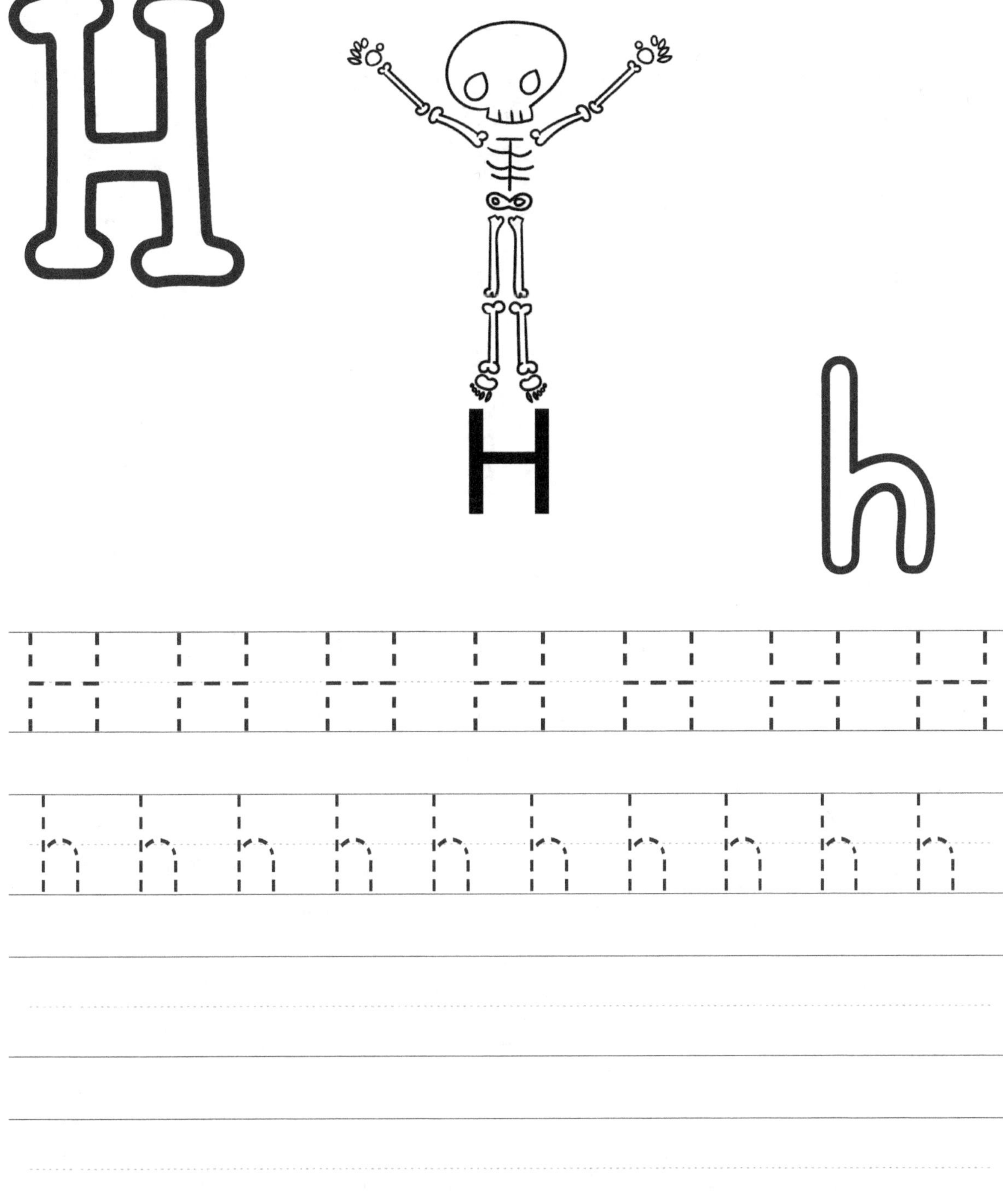

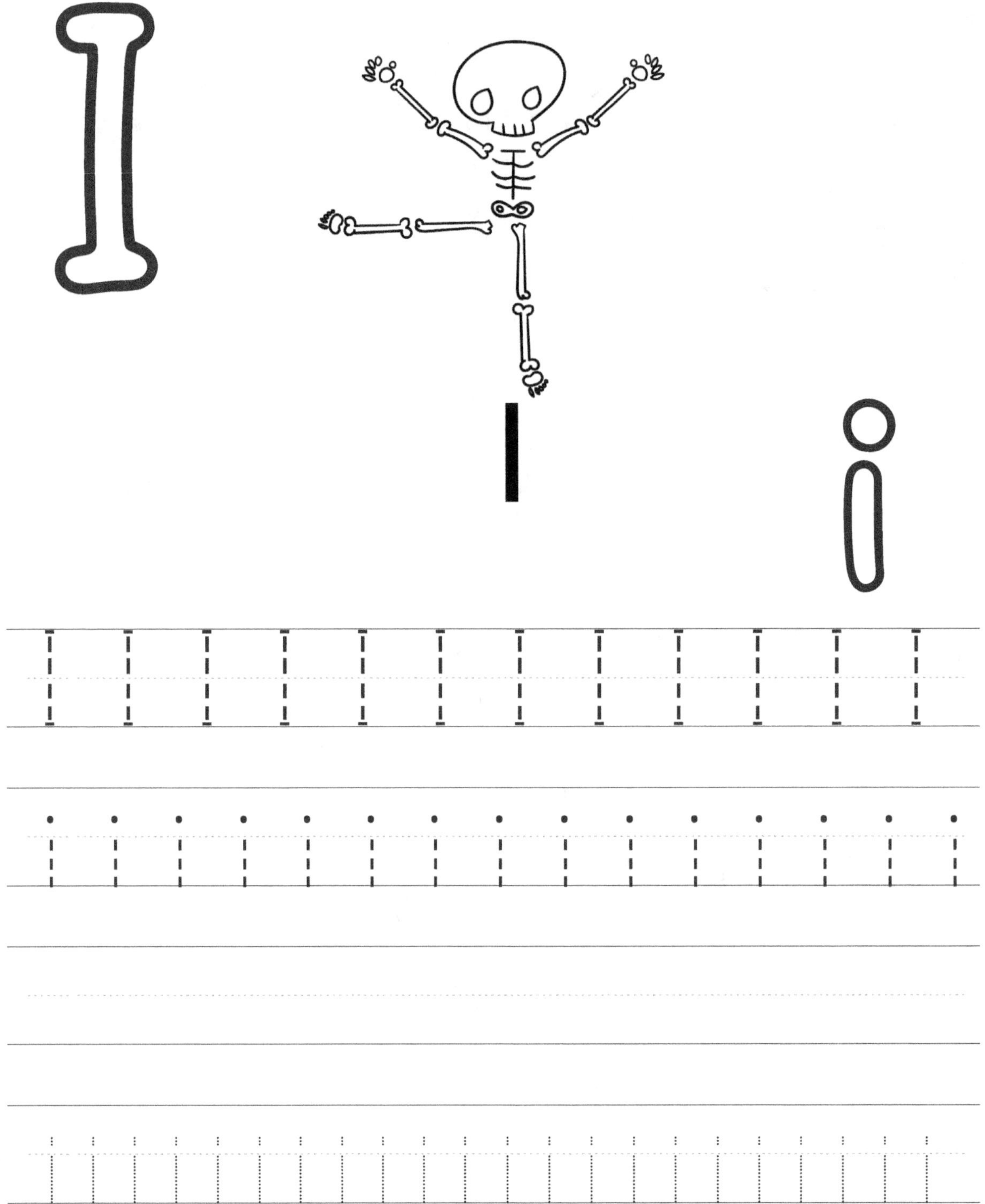

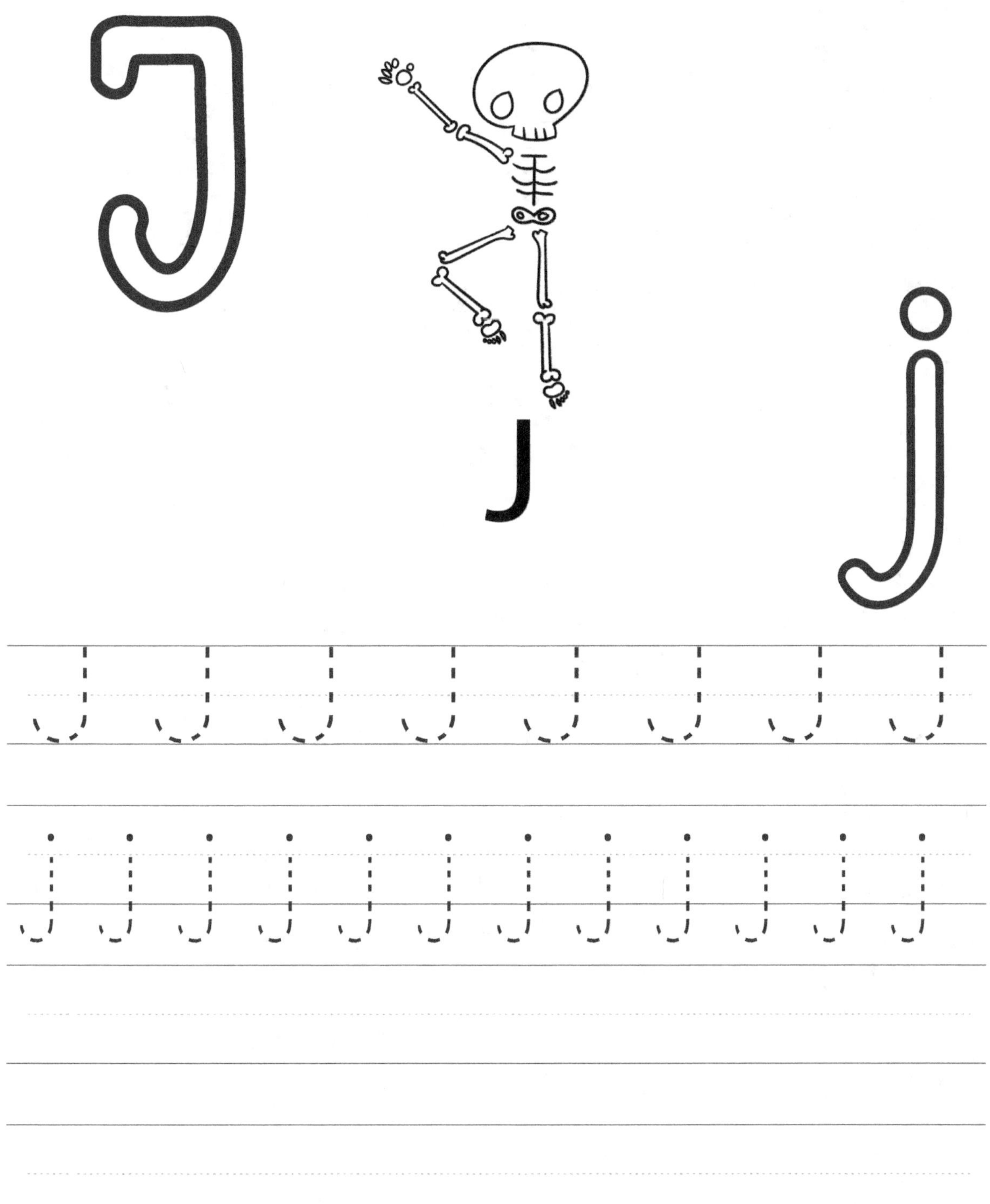

K

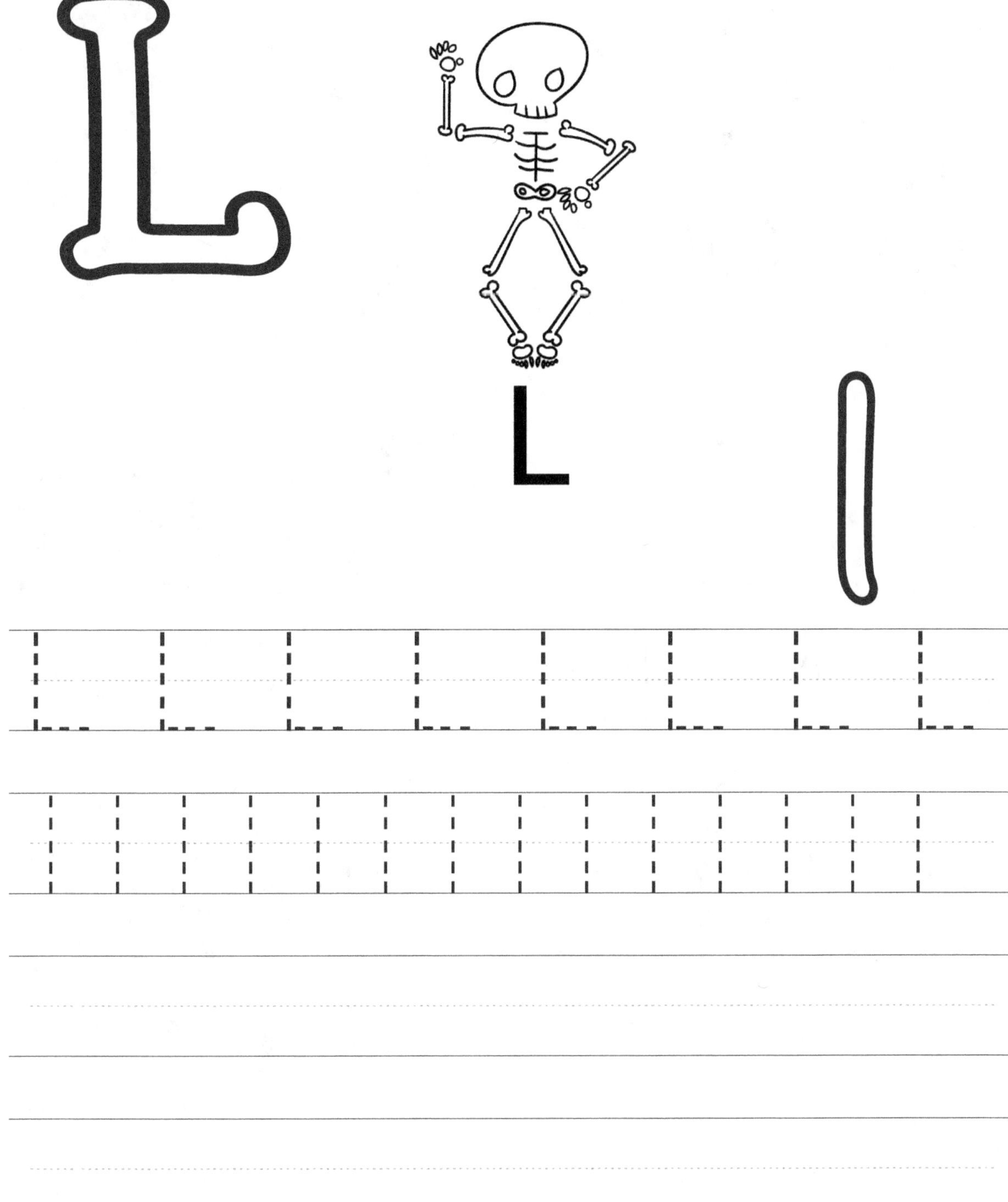

M

M

m

N

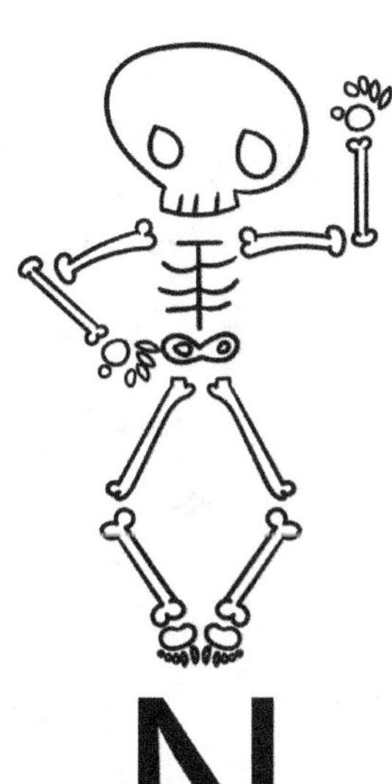

N

n

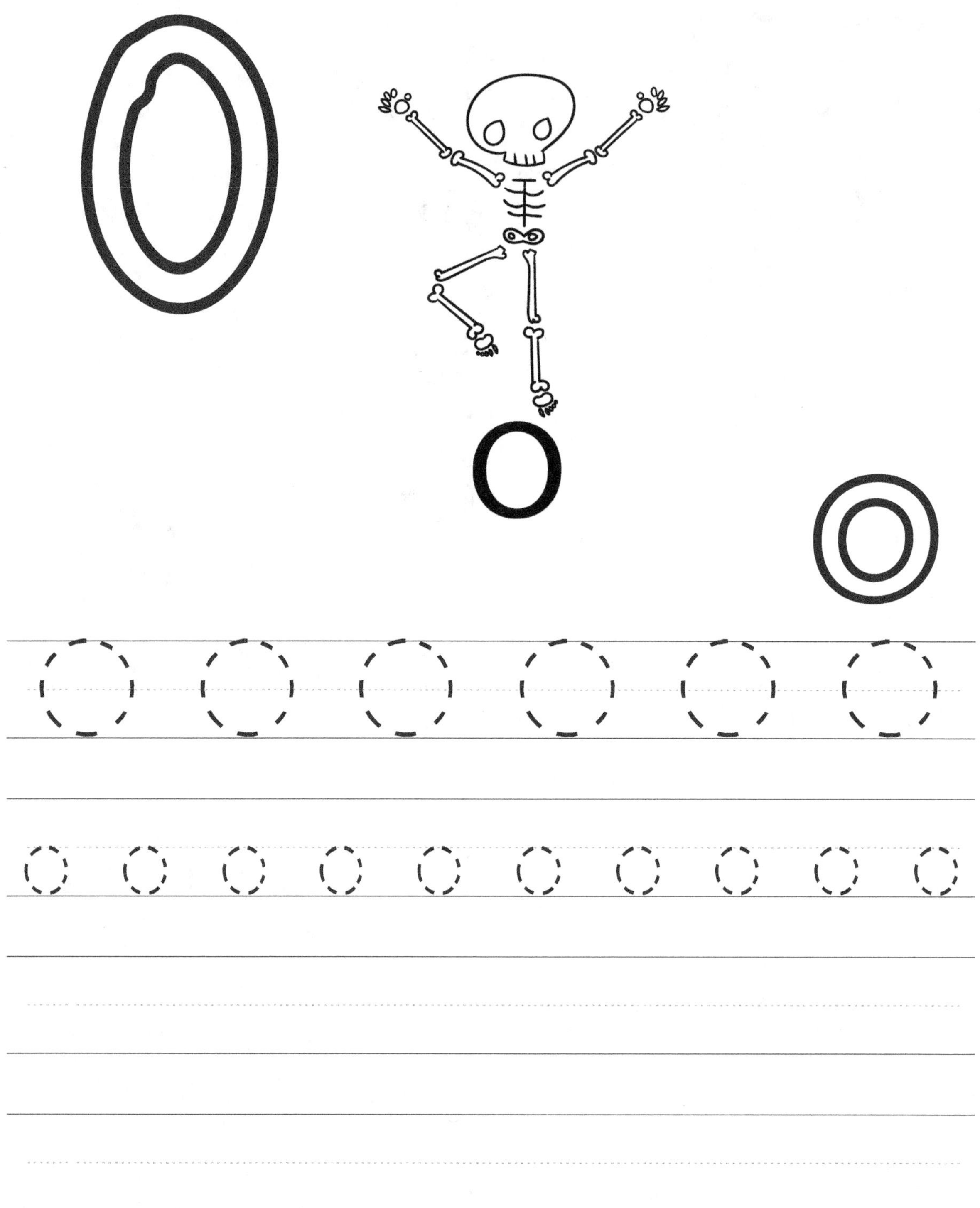

P

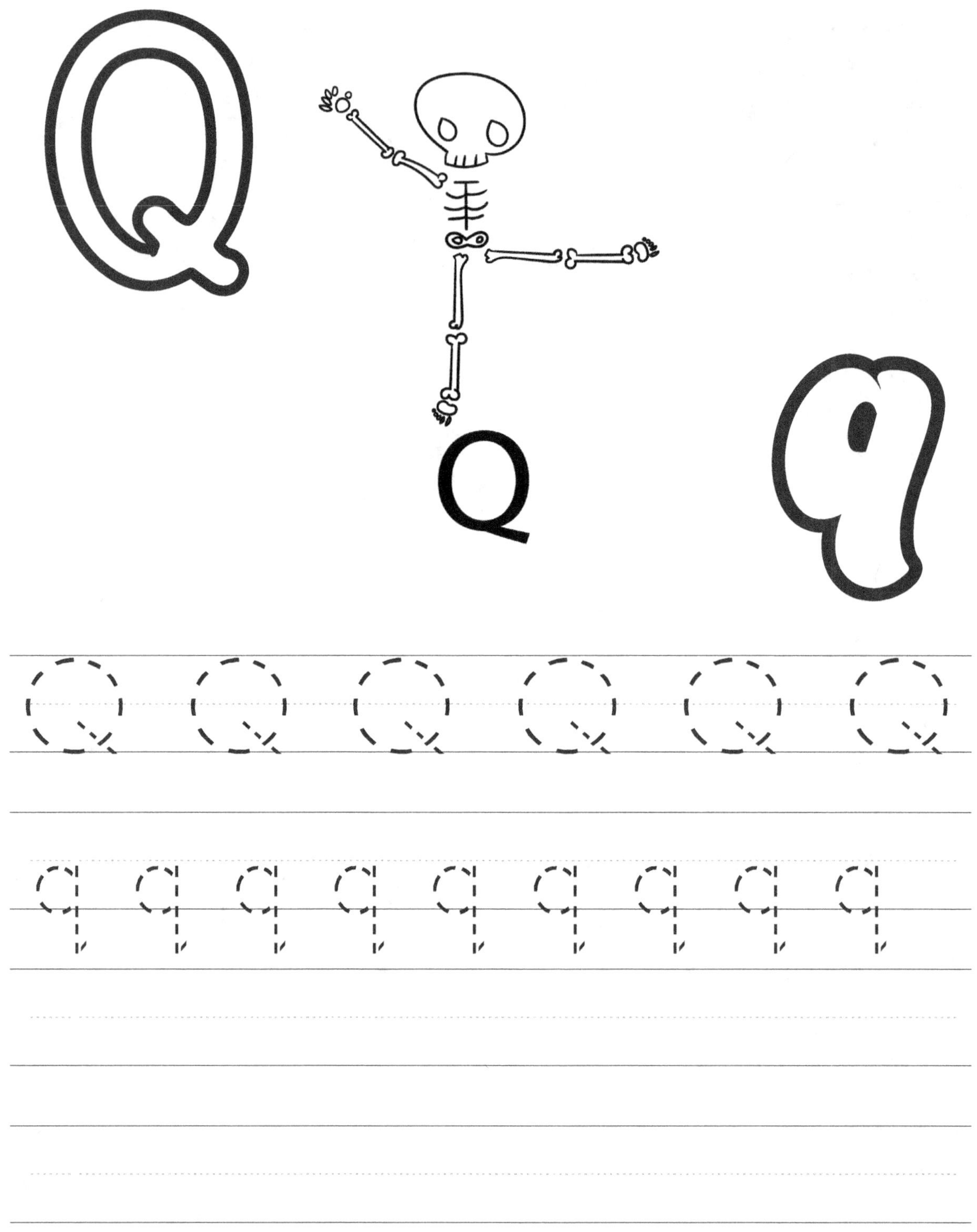

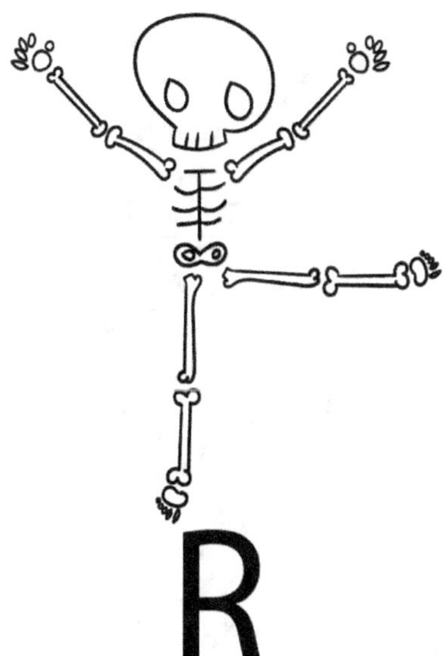

R R R R R R R R

r r r r r r r r r r

S

s

S S S S S S S S

s s s s s s s s s s s

T

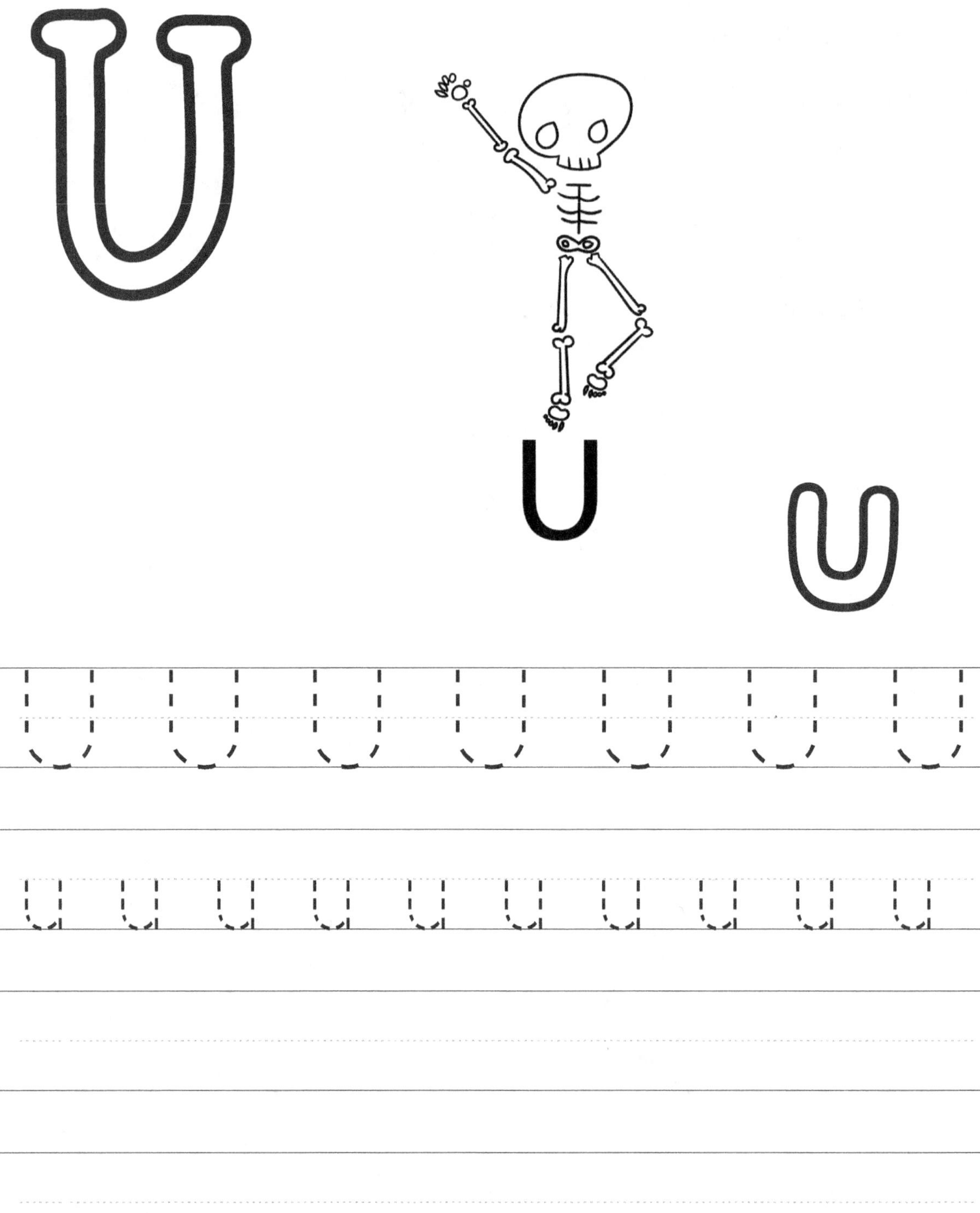

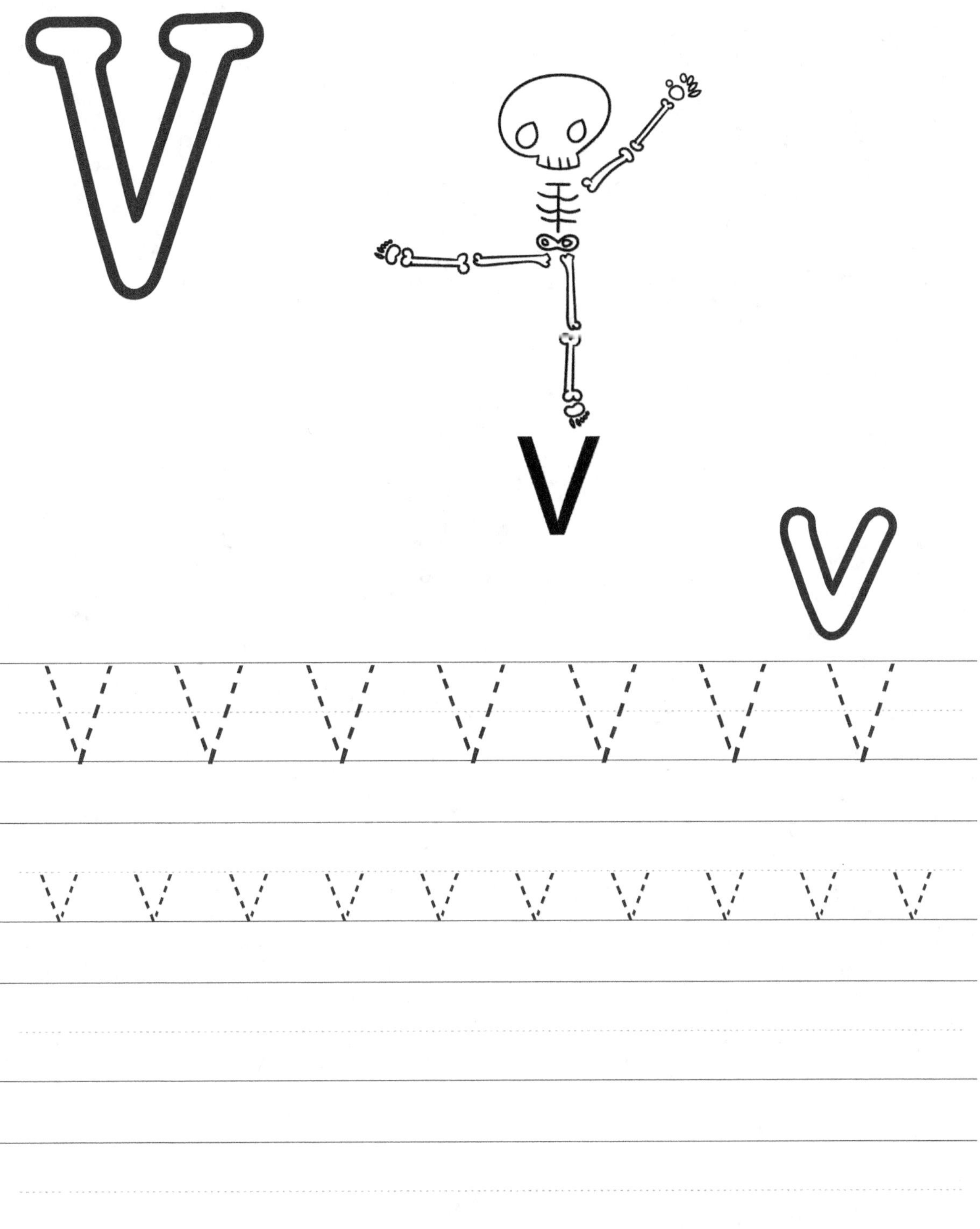

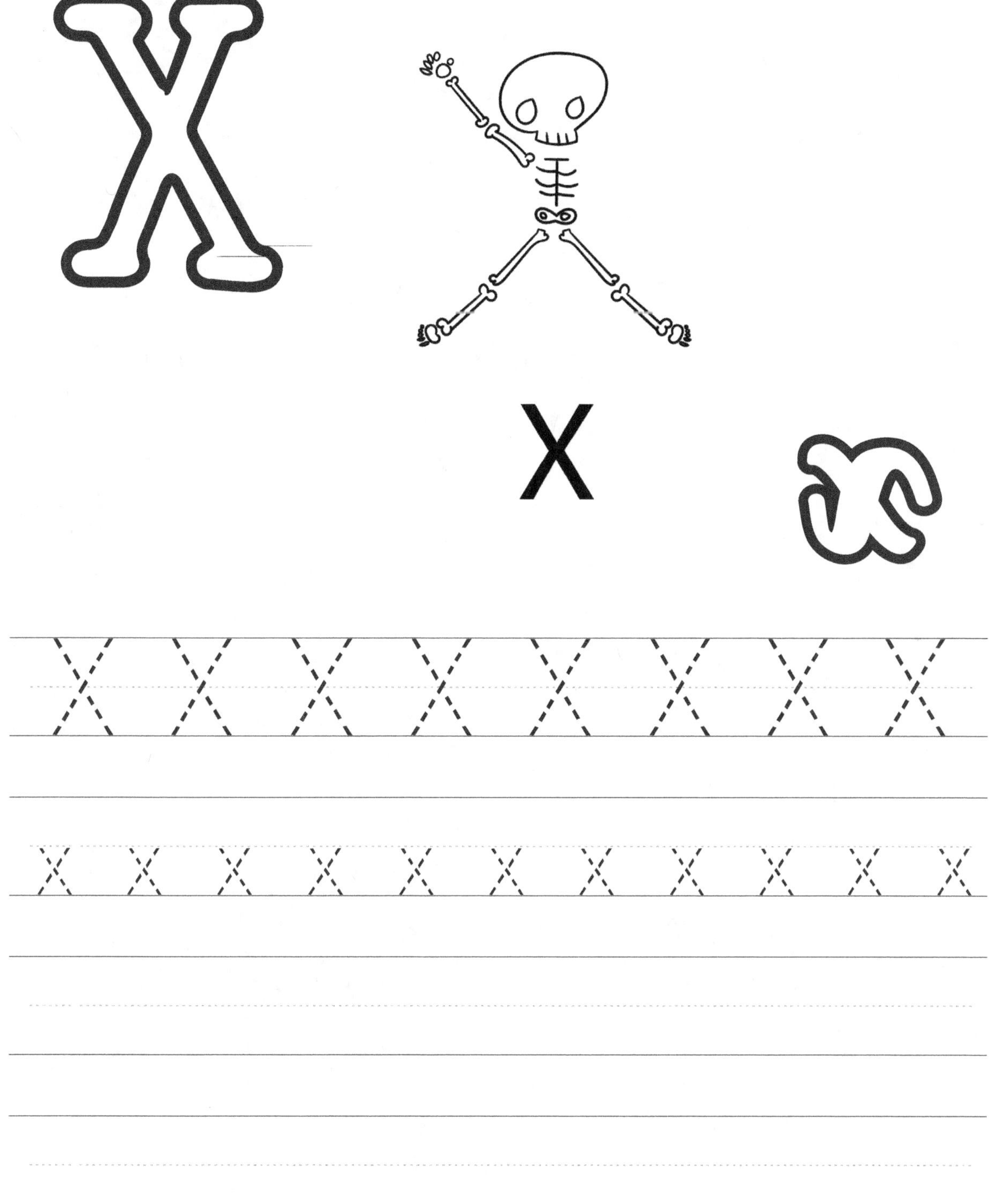

Y

Y

Z

z

z

z

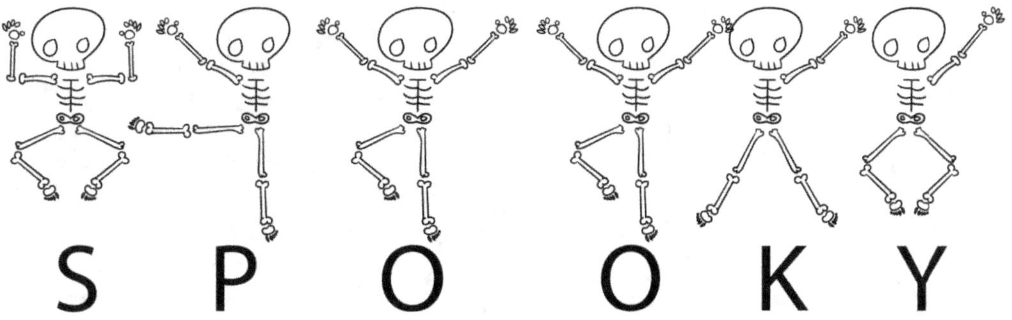

S P O O K Y

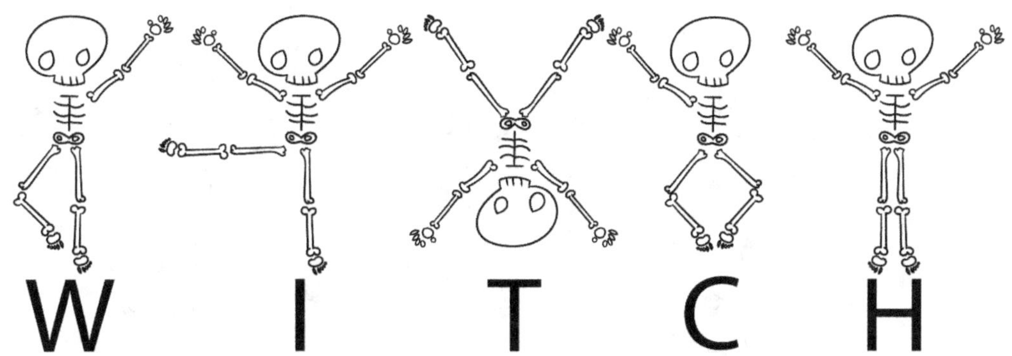

W I T C H

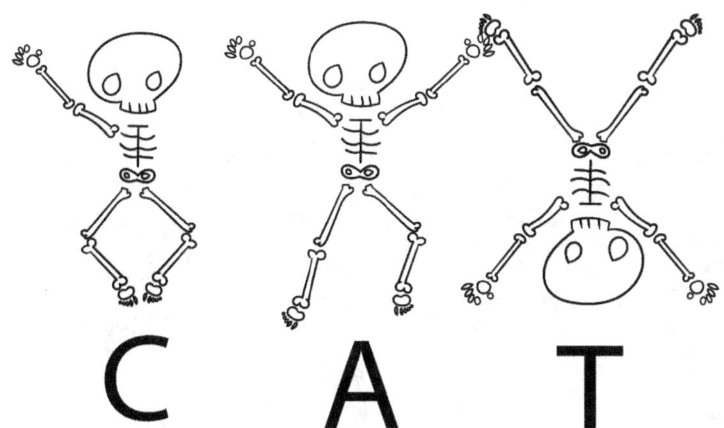

C A T

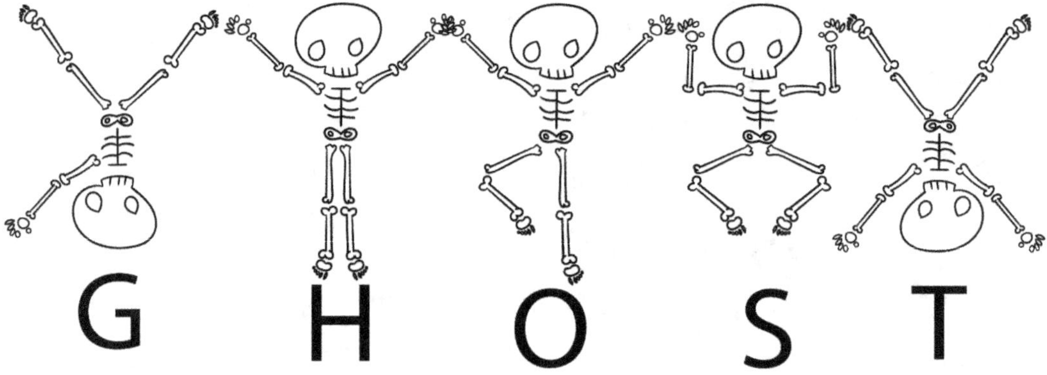
GHOST

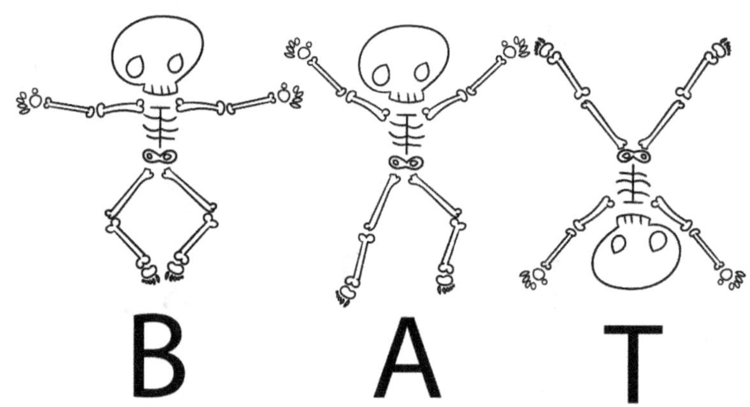
BAT

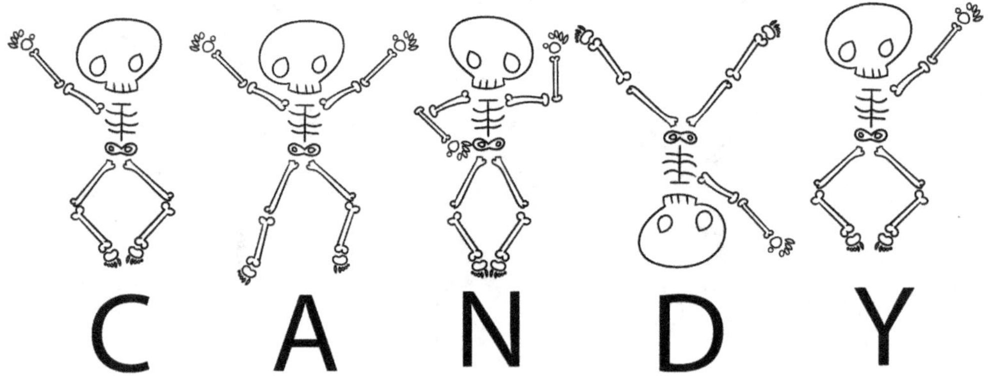
CANDY

pumpkin
GIGGLES